Cartas a un joven poeta

Rainer Maria Rilke

Traducción
de
Miguel A. Álvarez

letraherido

l

Primera edición: septiembre de 2022
Titulo original: *Briefe an einen jungen Dichter*
Publicado por primera por Insel Verlag en 1929
© de la traducción: Miguel A. Álvarez, 2022
© de la presente edición: Editorial Letraherido, 2022
Avda. Pumarín, 7, Oviedo — 33001
www.editorialletraherido.com
ISBN: 9798351756660
Maquetación y diseño: Ed. Letraherido.
Imagen de la cubierta: *Old Mail Box* de Suzzane Dugal

Índice

Cartas a un joven poeta

Introducción

A finales del otoño de 1902 yo estaba sentado en el parque de la Academia militar situada en la parte nueva de la ciudad de Viena, leyendo un libro bajo la sombra de los viejos castaños. Estaba tan profundamente ensimismado en la lectura que apenas me di cuenta de que hasta mí se había acercado el único de nuestros profesores que no era un oficial, el sabio y bondadoso capellán militar Horacek. Este tomó el libro de mis manos, contempló la cubierta y agitó la cabeza. «¿Poemas de Rainer Maria Rilke?», preguntó reflexivamente. Ojeó las páginas rápidamente, deslizó la mirada sobre algunos versos, luego miró pensativamente hacia el horizonte y asintió finalmente. «Así que el discípulo René Rilke se ha convertido finalmente en poeta».

Y de esta forma tuve conocimiento del muchacho frágil y pálido, al que sus padres habían confiado hacía más de quince años a la Real Escuela Militar de Sankt Pölten, para que se convirtiera en oficial. Por entonces Horacek desempeñaba allí el cargo de capellán militar y se acordaba perfectamente de su antiguo discípulo. Lo describió como un joven tranquilo, serio y muy talentoso, que prefería mantener las distancias, llevaba las imposiciones de la vida del internado con paciencia y después de cuatro años ascendió junto al resto de alumnos a la Real Escuela Militar Superior que se encontraba en Mährisch-Weisskirchen. Allí pronto quedó claro que su naturaleza no era lo suficientemente fuerte, razón por la cual sus padres lo sacaron de la institución y lo mandaron a Praga a continuar sus estudios. Cómo se había desarrollado su vida desde entonces, Horacek carecía de ninguna información al respecto.

De acuerdo con todo esto, se comprenderá fácilmente que en aquel preciso instante yo decidiera enviar mis tentativas poéticas a Rainer Maria Rilke y pedirle su opinión al respecto. Sin contar ni siquiera veinte años y encontrándome en el umbral de una profesión que yo sentía diametralmente opuesta a mis inclinaciones más íntimas, tenía la esperanza de encontrar comprensión en nada menos que en el autor del libro *Mir zur Feier*. Y sin que yo me lo hubiera propuesto realmente, mis versos iban acompañados de una carta personal en la que yo me abría a otra persona de una forma tan sincera como nunca antes y nunca después.

Pasaron muchas semanas antes de que la respuesta llegara. La escritura azul del sello indicaba que procedía de París, pesaba considerablemente en la mano y en el sobre mostraba la caligrafía clara, hermosa y segura con la cual estaba escrita la carta desde la primera hasta la última línea. Así es como empezó la relación epistolar que mantuve con Rainer Maria Rilke, que se extendió hasta 1908 y luego cesó lentamente, porque la vida condujo mis pasos hacia otros derroteros, de los cuales las preocupaciones dulces, cálidas y emotivas del poeta me habrían podido alejar.

Sin embargo eso carece de importancia. Lo único importante son las diez cartas que aquí se presentan, importantes para el conocimiento del mundo en el que vivió y trabajó Rainer Maria Rilke, y también importantes para el desarrollo de muchas personas de hoy y mañana. Y donde habla un grande e irrepetible, debemos callar los pequeños.

PRIMERA CARTA

A Franz Xaver Kappus

París,
17 de febrero de 1903

Muy estimado señor,

He recibido su carta hace unos pocos días. Quiero agradecerle la enorme confianza que deposita en mí. Es lo menos que puedo hacer. Pero lamento no poder pronunciarme sobre la calidad de sus versos; pues cualquier intención crítica me resulta completamente ajena. Con nada se puede uno acercar menos a una obra artística que con el lenguaje de la crítica: de ahí solo pueden salir malentendidos más o menos afortunados. Las cosas no son tan fáciles de comprender y de decir como frecuentemente nos quieren hacer creer; la mayoría de los sucesos son indescriptibles, acontecen en un espacio al que ninguna palabra tiene acceso, y los más indescriptibles de todos son las obras de arte, entidades misteriosas cuya vida corre paralela a la nuestra, pero que en lugar de caducar, perduran.

Y una vez hecha esta observación, lo único que puedo decirle es que sus versos carecen de estilo propio, más bien ocultan indicios de una personalidad. Donde más claro percibo esta impresión es en el último poema *Mi alma*. Ahí hay algo que busca un modo de expresión propio. Y en el precioso poema *A Leopardi* se percibe cierta familiaridad con el estilo de ese genio solitario. En cualquier caso, los poemas no son todavía nada en sí mismos, nada autónomo, ni siquiera el último ni el dedicado a Leopardi. La amable carta que los acompañaba me ha aclarado algunos de los defectos que he detectado durante la lectura de sus versos, sin poder detenerme a detallarlos en profundidad.

Usted se pregunta si sus versos son buenos. Usted me pregunta. Usted ha preguntado a otros antes. Usted los envía a los periódicos. Usted los compara con otros poemas, y se incomoda cuando ciertas redacciones rechazan sus propuestas. Ahora le ruego (ya que usted ha solicitado mi consejo) que renuncie a todo eso. Usted mira al exterior y eso es lo peor que puede hacer en este momento. Nadie puede aconsejarle ni ayudarle, nadie. Solo existe un camino. Busque en su interior. Explore la razón que le impulsa a escribir; compruebe si está enraizada en lo más profundo de su corazón, confiese si usted moriría si no le fuese permitido escribir.

Ante todo pregúntese en la hora más tranquila de le noche: ¿debo escribir? Busque en su interior una respuesta sincera. Y si la respuesta es afirmativa, si usted puede responder a esta grave cuestión con un rotundo y sencillo *debo*, entonces oriente su vida hacia la satisfacción de esa necesidad; su vida debe convertirse, incluso en su hora más insignificante y minúscula, en símbolo y testimonio de esa obligación. Entonces acérquese usted a la naturaleza. Entonces intente expresar, como un hombre sencillo, lo que usted ve y siente y ama y pierde.

No escriba usted poemas de amor; al principio evite ese tipo de composiciones tan corrientes y populares: son las más difíciles de todas, pues se necesita una gran fuerza para dejar huella allí donde confluye una gran cantidad de tradiciones ricas y opulentas.

En consecuencia sacrifique usted los temas universales en favor de aquellos que la vida cotidiana le ofrece; describa usted sus tristezas y deseos, sus pensamientos pasajeros y su fe en algún tipo de belleza. Describa usted todo eso con sinceridad, serenidad y humildad y utilice para expresarse los elementos de su entorno, las imágenes de sus sueños y los objetos de sus recuerdos.

Si su vida cotidiana le parece pobre, no la culpe a ella; cúlpese a usted mismo, dígase que no es usted suficientemente poeta para invocar sus riquezas; pues para los creadores no hay pobreza ni ningún lugar pobre o indiferente. Y si usted estuviera en una prisión, cuyos muros no permitieran que ninguno de los sonidos del mundo llegara hasta sus oídos, ¿no dispondría usted todavía de su infancia, ese reino encantador y majestuoso, ese tesoro de recuerdos? Dirija su atención hacía ella. Intente recuperar las sensaciones olvidadas de ese pasado lejano; su personalidad se forjará, su soledad se ensanchará y se convertirá para usted en un nuevo hogar, protegido del bullicio del mundo. Y si de ese mirar en el interior, de esa inmersión en el propio mundo brotan *versos*, entonces no pensará usted en preguntar a nadie si son buenos *versos*. Tampoco intentará llamar la atención de los periódicos sobre su trabajo, pues usted lo considerará su propiedad más preciada e íntima, una parte y la voz de su vida.

Una obra de arte es buena cuando surge de la necesidad. En la razón de su origen reside su juicio: no existe ningún otro. Por eso, muy estimado señor, no sabría darle otro consejo aparte de este: mire en su interior, bucee en las profundidades que son el origen de su vida; en su origen encontrará usted la respuesta a la pregunta de si *debe* usted crear.

Acéptela como es, sin buscarle ningún significado. Quizás resulte que está usted llamado a ser artista. Entonces asuma su destino, vívalo tal y como es, con sus miserias y grandezas, sin preguntarse nunca por la recompensa que podría venir del exterior. Pues el creador debe ser un mundo para sí mismo y encontrarlo todo en sí mismo y en la naturaleza, a la cual se ha vinculado.

Pero no es imposible que, después de descender a las profundidades de su interior y su soledad, deba usted renunciar a convertirse en poeta; es suficiente, como le dije antes, sentir que uno podría vivir sin escribir, para no tener que hacerlo en absoluto. Pero incluso en ese supuesto el ejercicio de introspección que he pedido que hiciera no habría sido en vano. Inevitablemente su vida encontrará a partir de ese momento un camino, y le deseo que sea bueno, provechoso y largo con mucha más intensidad de lo que puedo expresar.

¿Qué más podría decirle? Cualquier cosa que decida hacer me parecerá correcta. Finalmente me gustaría recomendarle, ir con calma y seriedad a través de las distintas fases de su desarrollo; nada podría ser más perjudicial para usted que mirar hacia el exterior y esperar del exterior respuestas a preguntas que quizá solo pueda encontrar en los sentimientos más íntimos de sus horas más serenas.

Ha sido para mí un placer encontrar el nombre del profesor Horacek en su carta; conservo por ese queridísimo maestro un inmenso respeto y un agradecimiento que no para de aumentar con los años. Por favor le ruego que le haga llegar éstos mis sentimientos; es muy agradable saber que todavía se acuerda de mí y yo sé valorarlo como se merece. Le devuelvo los versos que usted tan amablemente me ha confiado en su carta. Y le vuelvo a manifestar mi agradecimiento por la magnitud y cordialidad de su confianza, a la cual espero, por medio de esta respuesta honesta y manifestada con la mejor de las intenciones, haberme hecho al menos un poco más merecedor que el desconocido que en realidad soy.

Con toda devoción y simpatía,
Rainer Maria Rilke

SEGUNDA CARTA

A Franz Xaver Kappus

Viareggio, Pisa, Italia
a 5 de abril de 1903

Usted debe disculpar, querido y estimado señor, que hasta hoy mismo no haya podido dedicar a su carta del 24 la atención que se merece. He estado sufriendo todo este tiempo, no exactamente enfermo, sino oprimido por cierta clase de melancolía que me ha hecho incapaz de todo. Y finalmente, como no podía ser de otro modo, he venido a este mar del sur, cuyas bondades ya me han ayudado en el pasado. Pero no estoy todavía recuperado, escribir me resulta difícil, así que le ruego que considere estas pocas líneas mucho más de lo que son.

Naturalmente debe usted saber que cada una de sus cartas me llena de gozo, y le ruego que sea indulgente con las respuestas, que a menudo lo dejarán con las manos vacías; pues en el fondo, y precisamente en los asuntos más profundos e importantes, nos encontramos indescriptiblemente solos, y en consecuencia para poder ayudarnos o aconsejarnos unos a los otros mucho tiene que suceder, mucho tiene que triunfar, tienen que alinearse los astros para tengamos éxito en la tarea.

Hoy quiero decirle a usted dos cosas más. Ironía, no se deje dominar por ella, especialmente en los momentos de no creación artística. A la hora de crear intente servirse de ella, como de una herramienta más, para capturar la vida. Utilizada con pureza, es pura, y no hay razón para avergonzarse de ella; pero si siente usted demasiada confianza con ella, tema esa confianza creciente con ella, luego apliquese usted a motivos más importantes y serios, frente a los cuales se sentirá usted pequeño e impotente. Busque usted la esencia de las cosas, allí nunca desciende la ironía, y si esto lo lleva hasta las puertas de la grandeza, aproveche la ocasión para comprobar si este modo de comprensión surge de una necesidad de su naturaleza. Pues bajo el influjo de las cosas serias o se erosiona esa necesidad (si se trata de algo accidental), o por el contrario se refuerza (si se trata de algo inherente a usted) hasta convertirse en una herramienta fundamental que se sumará a la serie de medios con los que usted cuenta para ejecutar su arte.

Y lo segundo que hoy quiero decirle es lo siguiente:

De todos mis libros solo unos pocos me resultan imprescindibles, y dos de ellos me acompañan siempre a donde quiera que vaya. También hoy están aquí a mi lado: la Biblia, y los libros del gran poeta danés Jens Peter Jacobsen.

Se me ocurre pensar si usted conocerá la obra de este. Podrá hacerse con ella sin dificultad, pues una parte de la misma ha aparecido excelentemente traducida en la Biblioteca Universal de Reclams. Hágase usted con el volumen titulado *Sechs Novellen* de J.P. Jacobsen y su novela *Niels Lyhne*, y empiece usted por el primer cuento del primer volumen titulado *Mogens*. Ante usted se abrirá un mundo nuevo, con toda su felicidad, riqueza e incomprensible vastedad. More usted durante un tiempo en esos libros, aprenda de ellos aquello que le parezca digno de aprender, pero ante todo ámelos. Ese amor le será mil y mil veces recompensado y, como quiera que sea su vida, ese amor nutrirá su desarrollo, de esto estoy seguro, como uno de los hilos más importantes entre todos los que forman la red de sus experiencias, decepciones y alegrías.

Si tengo que decir de quién he aprendido algo sobre la esencia de la creación, sobre su profundidad y eternidad, solo hay dos nombres que puedo pronunciar: el de Jocobsen, el gran, gran poeta, y el de Auguste Rodin, el escultor, sin igual entre todos los artistas que viven actualmente.
¡Le deseo el mayor éxito en su camino!

Suyo,
Rainer Maria Rilke

TERCERA CARTA

A Franz Xaver Kappus

Viareggio, Pisa, Italia
a 23 de abril de 1903

Usted, querido y estimado señor, me ha proporcionado una felicidad inmensa con su carta de Pascua; pues el modo en que usted habla del gran y querido arte de Jacobsen dice mucho en su favor y me demuestra que no me he equivocado cuando orienté su vida y sus muchas preguntas hacia ese absoluto.

Ahora se le abrirá a usted *Niels Lyhne*, un libro noble y profundo; cuanto más a menudo se lee más se tiene la impresión de que todo se encuentra en sus páginas, desde los más delicados aromas de la vida hasta el sabor total y arrebatador de sus frutos más fuertes. Ahí no hay nada que no haya sido conocido, entendido, comprendido y experimentado en los vibrantes ecos del recuerdo; ninguna vivencia es insignificante, y el más pequeño de los sucesos se desarrolla como un destino, y el destino mismo es una red maravillosa y ancha, en la que cada hilo es trenzado por una mano de infinita ternura y entrelazado con otro y sostenido y llevado por otros cientos. Usted experimentará la inmensa felicidad de leer ese libro por primera vez, y viajará a través de sus innumerables sorpresas como a través de un sueño. Y puedo decirle que en el futuro viajará de nuevo por estos libros con la misma sensación de admiración, sin que pierdan un ápice del poder de fascinación y fabulación con el que sorprenden al lector por primera vez.

En cada nueva ocasión se disfrutan más, uno se siente más agradecido de su existencia, gracias a ellos nuestra apariencia se vuelve mejor y más sencilla, nuestra fe en la vida se hace más profunda y nuestra vida más dichosa e inmensa.

Y a continuación debería usted leer el maravilloso libro sobre el destino y el anhelo *Marie Grubbe* y las cartas y los diarios de Jacobsen y sus fragmentos y finalmente sus versos cuyo eco (aunque no están perfectamente traducidos) resuena en la eternidad. Al respecto le aconsejaría a usted comprar, si tiene oportunidad, la preciosa edición de las Obras Completas de Jacobsen que contienen todo esto.

Están editadas en tres volúmenes en Leipzig y perfectamente traducidas por Eugen Diederichs y cuestan, si no me falla la memoria, solo cinco o seis marcos por volumen.

Con su opinión sobre *Aquí debería haber rosas*, una obra de incomparable belleza y forma, tiene usted naturalmente toda, toda la razón del mundo con respecto a aquel que ha escrito el prólogo. E inmediatamente le transmito aquí el siguiente ruego: lea usted tan poca crítica estética como le sea posible, o bien se trata de opiniones partidarias, petrificadas y privadas de cualquier sentido por su dureza inerte, o bien se trata de ingeniosos juegos de palabras, con los cuales se defiende hoy este punto de vista y mañana el contrario. Las obras de arte son testimonio de una soledad infinita e inalcanzables para la crítica. Solo con amor se pueden comprender y cuidar, y solo el amor puede hacerles justicia.

Confíe usted siempre en sí mismo y en sus sentimientos en relación con cada ensayo, análisis o prólogo; y en caso de que le traicionen, el desarrollo natural de su vida interior le guiará lentamente hacia otras verdades. Permita usted que sus juicios se desarrollen de forma tranquila y sin ser molestados, todo progreso surge del interior más profundo y no puede ser forzado o acelerado por nada ni nadie. *Todo* tiene que ser gestado antes de ver la luz. Deje madurar cada impresión y cada semilla de sentimiento en su interior, en la oscuridad, en lo insondable, en lo inconsciente e inalcanzable para el propio entendimiento, y espere con humildad y paciencia sinceras el alumbramiento de una nueva forma de conocimiento. Esta es la única actitud digna de llamarse vida artística, tanto a la hora de pensar como de crear.

No existe ninguna unidad de medida con respecto al tiempo, no sirve un año, y diez años no son nada, ser artista significa no calcular ni contar; crecer como el árbol que no apura su savia y permanece tranquilo durante las tormentas de primavera, indiferente al temor de que quizá podría no llegar el verano. Llega, sin embargo. Pero llega solo para los pacientes, que permanecen completamente serenos, como si dispusieran de toda la eternidad. Yo lo aprendo diariamente, lo aprendo a costa de sufrimientos a los que estoy agradecido: ¡la *paciencia* lo es todo!

Richard Dehmel: a mí me pasa con sus libros (y dicho sea de paso también con las personas a las que solo conozco superficialmente) que cuando encuentro en ellos una página hermosa, no puedo evitar el temor de que la siguiente lo arruine todo y transforme toda su belleza en infamia. Usted lo ha caracterizado perfectamente con la expresión «vida y poesía libidinosa». Y a decir verdad la experiencia artística está tan increíblemente próxima de la sexual, a su dolor y a placer, que ambos fenómenos no son sino distintas formas de la misma ansia y del mismo gozo. Y si en lugar de libido pudiéramos decir sexo, sexo en un sentido amplio, ancho, puro y no manchado por ningún infundio de la iglesia, entonces su arte se caracterizaría por una grandeza y relevancia infinitas. Su fuerza poética es tan inmensa y violenta como un instinto primario, posee un ritmo propio despreocupado que brota de él como del interior de una montaña.

Pero parece que esa fuerza no siempre es completamente honesta ni está carente de pretensión. (Sin duda, esa es una de las pruebas de fuego: el creador tiene que permanecer siempre inconsciente e ignorante de sus mejores virtudes, si no quiere arriesgarse a privarlas de su naturalidad e inocencia). Y luego, en el instante en que, inflamando su existencia, esa fuerza se manifiesta sexualmente no encuentra ninguna persona tan pura como necesitaría. En ello no hay una sexualidad madura y pura, sino una insuficientemente humana, exclusivamente masculina, libertina, desenfrenada y desasosegada, impregnada con los viejos prejuicios y vanidades con los cuales el hombre desfigura y denigra el amor. Porque él *solo* ama como hombre, no como ser humano, por este motivo hay en su sensibilidad sexual algo estrecho, aparentemente salvaje, visceral, temporal, perecedero, que disminuye su arte y lo hace ambiguo y sospechoso. Su arte *no* carece de mácula, está caracterizado por el tiempo y la pasión, y poco de él está destinado a durar y permanecer. ¡La mayoría del arte comparte ese destino! Pero a pesar de todo, uno puede disfrutar enormemente de lo que hay de grande en él, sin dejarse arrastrar por ello y convertirse en un súbdito del universo *dehmeliano*, tan rebosante de infidelidad y caos y alejado de la vida real que hace sufrir más que esas intrigas temporales, pero que también ofrece mayor oportunidad a la

25

grandeza y más ansia de eternidad.

Para acabar, por lo que respecta a mis libros, con mucho gusto le enviaría todos los que pudieran procurarle algún placer. Pero yo soy muy pobre, y mis libros tan pronto como aparecen dejan de pertenecerme. Yo mismo no puedo permitírmelos y *tampoco* puedo regalarlos, como sería mi deseo, a aquellos de cuyo amor son reflejo.

Así que le escribo a usted en una hoja los títulos y editoriales de mis libros de juventud (de los más recientes, he publicado en total unos doce o trece) y depende de usted, querido señor, pedir alguno de ellos si lo considera oportuno.

No puedo desearles mejor compañía que la suya.

¡Cuídese usted!

Suyo,
Rainer Maria Rilke

CUARTA CARTA

A Franz Xaver Kappus

St. Worpswede en Bremen,
a 16 de julio de 1903

Hace aproximadamente diez días que dejé París, acosado por el sufrimiento y la fatiga, en dirección a las grandes llanuras del norte, cuya inmensidad y paz y cielo tienen que ayudarme a recuperar la salud. Pero mi partida coincidió con un largo período de lluvias sobre el campo cada vez más inquieto que solo hoy han empezado a remitir ligeramente; y aprovecho estos primeros rayos de sol para saludarlo, querido señor.

Mi querido señor Kappus, he dejado una carta suya mucho tiempo sin contestar, pero no porque me hubiera olvidado de ella. Muy al contrario, se trata de una de esas cartas que uno relee siempre que la encuentra entre el correo, y me hace sentir su presencia muy cercana. Se trata de la carta del 2 de mayo, usted se acordará con seguridad de ella. Cuando la leo, como ahora, en la inmensa tranquilidad del campo, me siento conmovido con su delicada preocupación por la vida, mucho más, si se considera que la leí por primera vez en París, donde todo suena y se apague de forma diferente a causa del desmesurado tumulto que hace que todo tiemble.

Aquí, rodeado por la magnitud del campo, sobre el que soplan los vientos procedentes del mar, aquí yo siento que sobre las cuestiones y emociones que habitan en el fondo de su alma ningún ser humano podrá jamás responderle, pues incluso los mejores equivocan las palabras cuando deberían susurrar y casi callar. Pero a pesar de todo, creo que acaso encuentre usted finalmente una respuesta, si se aferra a cosas similares a aquellas sobre las cuales en estos momentos descansan mis ojos. Si usted se aferra a la naturaleza, a lo sencillo que hay en ella, a lo pequeño, a lo que casi nadie ve y sin previo aviso se hace grande e inconmensurable; si tiene usted este amor a lo pequeño y dicho llanamente intenta como un servidor ganarse la confianza de aquello que parece más pobre: entonces todo se volverá para usted más sencillo, uniforme y de algún modo amistoso, quizás no para la razón, que permanece enmudecida por el asombro, sino para su consciencia, percepción y saber más íntimos.

Usted es tan joven, está todavía al principio de todo,

y me gustaría rogarle, en la medida en que sea capaz de ello, querido señor, que tenga paciencia frente a todas las irresoluciones de su corazón e intente amar *las preguntas mismas* como si fueran habitaciones cerradas o libros escritos en un idioma ignoto. No trate ahora de buscarles respuestas que en ningún modo les podrían ser dadas, simplemente porque usted no podría vivirlas. *Viva* usted ahora las preguntas. Quizás algún día lejano, gradualmente, sin apercibirse de ello, viva la respuestas.

Quizás albergue en su interior la posibilidad de crear y dar forma, como un modo de vida más sagrado y puro; oriente sus esfuerzos en esa dirección, pero acepte lo que suceda con confianza, siempre y cuando sea fruto de su voluntad, de cualquier tipo de necesidad interior, acéptelo en su ser y no odie nada. El sexo es difícil, sí. Pero es difícil todo lo que nos ha sido encomendado, casi todo lo serio es difícil, y todo es serio. Si es usted capaz de reconciliarse con esta idea y de servirse de su experiencia y niñez y fuerza para desarrollar una actitud realmente propia con respecto al sexo, no contaminada por la convención y la infancia y la costumbre, entonces no tiene usted que tener miedo de perderse a sí mismo y hacerse indigno de su propiedad más preciada.

El placer carnal es una vivencia sensorial, en nada diferente a la mirada pura o al sentimiento puro con el que una fruta hermosa colma el paladar; se trata de una experiencia inmensa e infinita que nos ha sido dada, una sabiduría universal, la culminación y el esplendor de toda la sabiduría. Y que lo saboreemos no es malo; lo malo es que se abuse y se despilfarre y que se utilice como distracción en las horas muertas de la vida y como disolvente y no como aglutinador en su éxtasis. Los seres humanos han transformado el comer en algo más, pero la necesidad por un lado y la abundancia por el otro han contaminado la pureza de esta necesidad, y de igual modo están contaminadas el resto de las necesidades sencillas y profundas en las que la vida se renueva. Pero el individuo puede purificarlas para sí mismo y experimentar su pureza (y si no el individuo que es demasiado dependiente, en todo caso el solitario). Él puede recordar que toda la belleza de la flora y fauna es una forma tranquila y duradera de amor y pasión, y puede mirar al animal como mira a la planta, uniéndose y multiplicándose con paciencia y voluntad, creciendo no a partir del placer o el dolor físico, sino cediendo a necesidades que son más grandes que el placer y el dolor y más imperiosas que la voluntad y la razón.

Que el ser humano experimente este misterio, del cual está llena la tierra hasta en sus cosas más pequeñas, como una humillación y lo lleve, sobrelleve y sufra como una carga, en lugar de asumirlo con felicidad, es algo totalmente monstruoso. Debe ser reverente con su fertilidad, solo existe una, ya se manifieste´de forma espiritual o física, pues también las creaciones del espíritu tienen su origen en lo físico y constituyen una repetición más sutil, mágica y eterna del apetito carnal, y en conjunto forman el núcleo del ser. «La idea de hacerse artista, de engendrar, de formar» no significa nada sin su confirmación previa e incesante y su realización en el mundo, nada sin la aquiescencia total de los objetos y los seres vivos, y por esta razón es su gozo tan indescriptiblemente hermoso y rico, porque está plagada de millones de recuerdos de signos y gestos heredados. En las ideas de un creador reviven miles de noches de amor olvidadas que las llenan de grandeza y altitud. Y los que se juntan por la noche y se entregan al placer realizan el trabajo imprescindible de coleccionar dulzuras, profundidad y fuerza para la canción de los poetas del mañana, que se levantaran para cantar las inexpresables bondades del amor. E invocan al futuro, y aún cuando se equivoquen y pierdan el juicio, el futuro llega igual, un nuevo ser humano se levanta, y sobre el suelo de la casualidad, que aquí parece consumarse, surge la ley de acuerdo con la cual una semilla resistente y fuerte se arrastra hasta el óvulo que abierto se le ofrece. No se deje usted engañar por las apariencias; en el fondo todo es ley. Y los que viven el misterio de manera incorrecta y falsa (y son muchos) no solo lo desperdician para ellos mismo, sino que lo pasan de largo como una carta cerrada, sin saber qué dice.

Y no se deje confundir por la variedad de los nombres y la complejidad de los casos. Quizás una gran maternidad es sobre todo como un anhelo común. La belleza de la virgen, de un ser que, como usted poéticamente dijo, «todavía no ha rendido nada», es maternidad que se intuye y prepara, se asusta y anhela. Y la belleza de la madre es la

31

maternidad entregada, y en la anciana es un gran recuerdo. Y también en el hombre hay maternidad, me parece a mí, corporal y espiritual; y su testimonio es una manera particular de dar a luz, y dar a luz es precisamente lo que hace cuando crea a partir de la plenitud interior. Y quizás, como se suele decir, son los sexos hermanos y la renovación del mundo consiste precisamente en eso, en que el hombre y la mujer, liberados de todos los sentimientos traicioneros y desagradables, se busquen no como contrarios, sino como hermanos y vecinos para colaborar como seres humanos, para llevar conjuntamente la pesada carga del sexo que les ha sido impuesta con sencillez, seriedad y paciencia. Pero todo lo que algún día será posible para la humanidad, quizá puedan los solitarios ir preparándolo y construyéndolo ya con las manos, que son menos proclives al error.

Por eso, querido señor, ame usted su soledad, y soporte el dolor que le ocasiona con una nota de alegría. Pues si, como usted dice, las personas más próximas están en realidad lejos, eso solo demuestra que empieza a disfrutar de un espacio propio. Y si su proximidad es en realidad lejanía, entonces su espacio está ya bajo las estrellas y es inmenso; alégrese usted de su crecimiento, en el cual no puede interferir nadie, y sea bondadoso con aquellos que permanecen atrás, y conserve su seguridad y tranquilidad frente a ellos y no sufra con sus dudas y no los asuste con su optimismo y felicidad, que no podrían entender.

Fomente usted con ellos algún tipo de comunidad cercana y simple que no sea necesario cambiar cuando usted se transforme en otro y otro; ame usted en los demás la vida en una forma extraña y tenga consideración con las personas mayores que temen la soledad, tenga usted comprensión con ellos. Evite usted el habitual drama entre padres e hijos, alimentar rencillas consume la fuerza de los jóvenes y roe el amor de los mayores, que ayuda y calienta aunque usted todavía no lo sepa. No demande usted ningún consejo de ellos y no espere ninguna comprensión, pero crea en su amor, que le está reservado como una herencia, conserve la fe en ese amor, en él hay una fuerza y una bendición de la que usted no debería privarse para perderse en el espacio.

Está bien que usted haya desembocado en una profesión que le hace independiente y le obliga a centrarse en sí mismo en todos los sentidos. Sea paciente y juzgue si su vida interior se siente limitada por las obligaciones de esa profesión. Yo la considero muy difícil y exigente, no en vano está cargada de rígidas convenciones y apenas deja espacio para una interpretación personal de sus obligaciones. Pero su soledad le servirá de refugio y apoyo, incluso en mitad de las relaciones más difíciles, ella será la brújula que le ayude a encontrar su camino. Mis mejores deseos le acompañarán y mi confianza está con usted.

Suyo,
Rainer Maria Rilke

QUINTA CARTA

A Franz Xaver Kappus

Roma,
a 29 de octubre de 1903

Querido y estimado señor,
Su carta del 29 de agosto la recibí en Florencia y
solo ahora, casi dos meses después, me dispongo a contestar-
le. Disculpe esta dilación, pero mientras viajo escribo cartas
a disgusto, porque para escribirlas necesito algo más que los
utensilios considerados imprescindibles, necesito además
un poco de tranquilidad y soledad y una hora no demasiado
adversa.

A Roma llegamos hace aproximadamente unas seis semanas, en un momento en que todavía era la Roma vacía, ardiente y maldecida por la fiebre, y esta circunstancia en conjunto con otras dificultades de orden práctico relativas a nuestra mudanza provocó que la intranquilidad a nuestro alrededor no tuviera fin y el sentimiento de extrañeza, agravado por la ausencia de un hogar, se cernió sobre nosotros. A esto hay que añadir que Roma, cuando uno no la conoce todavía, resulta especialmente triste durante los primeros días, a causa de la atmósfera mortecina y sombría de museo que se respira en ella, a causa de la inmensidad de su pasado que a duras penas se mantiene en pie (del cual se nutre un presente insignificante), a causa de la indescriptible sobrevaloración, alentada por profesores y filólogos y repetida por los típicos viajeros de Italia, de todas las cosas decrépitas y arruinadas, que en el fondo no son más que los restos accidentales de otro tiempo y otra vida, que no es la nuestra y tampoco puede serlo.

Finalmente, después de semanas de lucha diaria, vuelve uno a su ser, aunque todavía un poco confuso, y se dice: no, aquí no hay más belleza que en cualquier otro lugar, y todas estas obras admiradas durante generaciones, mejoradas y enriquecidas por cientos de manos cómplices, no valen nada, no significan nada y carecen de corazón y valor. Pero hay mucha belleza aquí, porque en todas partes hay mucha belleza. Agua rebosante de vida fluye por el viejo acueducto de la gran ciudad y baila en las numerosas plazas sobre ánforas de piedra blanca y se extiende en fontanas grandes y espaciosas y canta por el día y extiende su canto hacia la noche que aquí es inmensa y estrellada y de brisa suave. Y aquí los jardines tienen callejones y escaleras inolvidables, escaleras concebidas por Miguel Ángel, escaleras construidas siguiendo el modelo del agua en movimiento, donde un escalón nace del anterior, como una ola nace de otra ola. Gracias a tales impresiones recupera uno la compostura, vuelve en sí mismo de todo lo que aquí y allí habla y cotorrea (¡y qué hablador es!), y aprende lentamente a reconocer aquellas pocas cosas en las que vive la eternidad que uno ama y la soledad que uno comparte en silencio.

Vivo todavía en la ciudad junto al Capitolio, no muy lejos del más hermoso retrato que el arte romano conserva de un caballero, el de Marco Aurelio, pero en pocas semanas me trasladaré a un lugar más sencillo y tranquilo, a un viejo ático que está perdido en las profundidades de un gran parque, a salvo del ruido y caos de la ciudad. Ahí voy a pasar el invierno y a disfrutar de una tranquilidad inmensa, de la que espero la recompensa de muchas horas felices y provechosas.

Desde allí, donde me encontraré más como en casa, le escribiré una carta larga en la que hablaré de su escritura. Hoy solo puedo decirle (y quizá no sea justo que no lo haya hecho ya antes) que el libro anunciado en su carta, que debía contener muestras de su trabajo, no ha llegado aquí. ¿Le ha sido devuelto a usted, acaso desde Worpswede? (Pues no se debe enviar paquetes al extranjero). Esto sería

37

lo mejor que podría haber pasado, y me gustaría que me lo confirmara. Ojalá no se trate de una pérdida, pues el servicio de reclamaciones del correo italiano dista mucho de ser ejemplar, lamentablemente.

Habría recibido con mucho gusto ese libro (como todos los que dan cuenta de usted); y los versos que hayan surgido entretanto, si usted me los confía, los leeré y los releeré y los viviré tan bien como mi corazón me permita. Con mis mejores deseos.

Suyo,
Rainer Maria Rilke

SEXTA CARTA

A Franz Xaver Kappus

Roma,
a 23 de diciembre de 1903

Mi querido señor Kappus,
Usted no puede pasar sin recibir saludos míos, cuando es
navidad y cuando, en mitad de las fiestas, la soledad le tiene
que resultar más difícil que de costumbre. Pero en el preciso
momento en que se percate de su inmensidad, alégrese usted;
pues qué sería, pregúntese usted, una soledad que no fuera
inmensa; solo existe *una* soledad y es inmensa y no es fácil

de llevar, y sin dudar un instante estaría usted dispuesto a cambiarla por cualquier compañía, sin importar cuán banal y ruin, por el brillo de una pequeña alianza con el mal menor, con lo indigno … Pero quizá es en esos momentos cuando crece la soledad; pues su crecimiento es doloroso como el crecimiento de los jóvenes y triste como el comienzo de la primavera. Pero usted no puede dejarse engañar por ello. Lo único que necesita es eso: soledad, inmensa soledad interior. Mirar en uno mismo y durante horas no encontrar a nadie, eso es a lo que uno debe aspirar. Estar solo, como uno estaba solo de niño, cuando los mayores pasaban a nuestro alrededor, entregados a cosas que parecían importantes y serias, solo porque los mayores estaban tan ocupados con ellas y porque uno no comprendía nada de ellas.

Piense usted, querido señor, en el mundo que alberga en su interior, y describa ese pensamiento como usted quiera; puede tratarse de recuerdos de la infancia o anhelos del futuro, simplemente esté atento a lo que se despierta en su interior y dele preferencia sobre cualquier otra cosa que observe a su alrededor. Su vida interior merece todo su amor, debe trabajar usted en ella y no perder tanto tiempo y tanta energía en explicar su situación al resto del mundo. ¿Pues quién le asegura que tiene usted alguna en absoluto?

Soy consciente de que su profesión es difícil y diametralmente opuesta a su naturaleza, anticipé su queja y supe que pasaría. Ahora que ha pasado no puedo tranquilizarlo, solo puedo aconsejarle sobrevivir, pues así son todas las profesiones, llenas de demandas, llenas de enemistad contra el individuo, empapadas con el odio, por así decir, de aquellos que ejercen taciturnos y adustos su obligación sobria. El rango en el que usted ahora tiene que vivir no está más lastrado con convenciones, prejuicios y disparates que el resto de rangos, y si existen rangos que ofrecen mayor libertad, no existe ninguno que sea suficientemente amplio y espacioso y que esté en relación con la majestuosa materia de la que se compone la vida real.

Solo el individuo, el individuo solitario, se puede comparar con un objeto sometido a las leyes más profundas, y cuando uno sale a pasear con la primera luz de la mañana, o contempla la tarde llena de acontecimientos, y siente lo que allí sucede, entonces todo rango se desprende de uno, como de un muerto, aunque se encuentre en la flor de la vida. Lo que usted, querido señor Kappus, debe ahora vivir como oficial, lo viviría también en cualquiera de las demás profesiones, incluso si usted, alejado de cualquier posición, intentara vivir al margen de la sociedad, manteniendo el mínimo contacto imprescindible, no dejaría de experimentar ese sentimiento de estrechez.

La vida es así; pero eso no es razón para sentir miedo o tristeza; si no existe ningún punto de encuentro entre los hombres y usted, intente aferrarse a las cosas de las que nunca se desprendería; todavía dispone de las noches y los vientos que corren entre los árboles y sobre los campos innumerables; todavía hay entre los objetos y los seres vivos un infinito de oportunidades en las que usted puede tomar parte; y los niños todavía son como usted fue de niño, tan tristes y felices, y si usted piensa en su niñez, entonces volverá a vivir usted entre ellos, entre los niños solitarios, y los mayores no significarán nada y su dignidad carecerá de cualquier valor.

Y si a usted le causa dolor y aflicción pensar en la niñez y en la tranquilidad y sencillez asociada a ella, porque usted no puede creer más en un Dios omnipresente, entonces pregúntese usted, querido señor Kappus, si ha perdido realmente ha Dios. ¿No sería más exacto decir que usted nunca lo ha tenido? ¿Cuándo pudo haber sido eso? ¿Cree usted que un niño puede tenerlo, a aquel que los hombres solo puede llevar con mucho esfuerzo y cuyo peso aplasta a los ancianos? ¿Cree usted que podría, quien verdaderamente tiene uno, perderlo como si se tratara de un llavero, o es usted más bien de la opinión de que solo quien tuviera uno, podría ser perdido por él?

Pero si usted reconoce que él no formaba parte de su niñez, y no antes, si usted sospecha que Cristo ha sido un engaño de su deseo y Mahoma una mentira de su orgullo, y si usted siente con terror que él todavía no está con usted, en esta misma hora en la que hablamos de él, ¿qué derecho tiene usted a añorar como un recuerdo a quien nunca ha formado parte de su vida y a buscarlo como si se hubiera perdido?

¿Por qué no piensa usted que él está en camino, que precede a la eternidad, que habita en el futuro, que es el fruto infinito de un árbol cuyas hojas somos nosotros? ¿Qué le impide a usted proyectar su nacimiento en los días por venir y vivir su vida como si fuera un día hermoso y doloroso en la historia de un gran embarazo? ¿Acaso no ve usted que todo lo que sucede es un principio, y que podría *ser* simplemente el principio de algo mucho más hermoso? Si él es el más perfecto, ¿no tiene que haber algo más bajo ante él para que pueda hacerse a sí mismo de la plenitud y la abundancia? ¿No debe ser él el último para abarcarlo todo, y qué sentido tendríamos nosotros si aquél, cuya presencia nosotros demandamos, ya hubiera existido?

Del mismo modo que las abejas recogen la miel, así recogemos nosotros lo más dulce de la vida para crearlo a él. Incluso con lo más bajo, con lo más humilde (si es fruto del amor), con el trabajo y con el descanso, con el silencio o con una alegría pequeña y solitaria, con todo lo que hacemos en soledad, sin compañía ni ayuda, empezamos a crear a aquél que no conoceremos, del mismo modo que nuestros antepasados no pudieron conocernos a nosotros. Y sin embargo esos ancestros antiguos son los que, a modo de esqueleto, de fardo sobre nuestro destino, de sangre ardiente y de gestos, emergen en nosotros desde la noche de los tiempos.

¿Así que dígame si existe algo que pueda robarle a usted la esperanza de estar con él alguna vez, en el futuro más distante y lejano? Celebre usted, querido señor Kappus, las navidades con el sentimiento sagrado de que quizá él necesita de usted su miedo a la vida para empezar; a lo mejor en estos días de transición todo dentro de usted está trabajando para él, como ya una vez, de niño, trabajó para él sin aliento. Sea usted paciente y prescinda de la cólera, piense usted que lo menos que nosotros podemos hacer es no hacerle la vida más difícil, como la tierra se la hace a la primavera cuando quiere venir.

Y sea usted dichoso y viva sin miedo.

Suyo,
Rainer Maria Rilke

SÉPTIMA CARTA

A Franz Xaver Kappus

Roma,
a 14 de mayo de 1904

Mi querido señor Kappus, ha pasado mucho tiempo desde que recibí su última carta. No me tenga en cuenta la demora; al principio fue el trabajo, luego el malestar y finalmente la enfermedad, lo que una y otra vez me impidió darle una respuesta que, al menos así lo quiero, debe surgir de la tranquilidad de los mejores días. Ahora me siento ya algo mejor (el principio de la primavera con sus cambios caprichosos y traicioneros es también aquí difícil de llevar) y me he decidido a saludarle, querido señor Kappus y a responderle, lo que hago de todo corazón, sobre esto y aquello que comenta en su carta, tan bien como me sea posible.

Como puede usted ver, he transcrito su soneto, porque considero que es hermoso y sencillo y nacido de una forma que le permite caminar con dignidad tranquila. Son los mejores versos que he leído de usted. Y le envío la transcripción porque soy consciente de que es una experiencia importante y novedosa encontrar el trabajo de uno de nuevo en una caligrafía extraña. Lea usted los versos como si pertenecieran a otro y sentirá en lo más profundo en qué medida le pertenecen a usted.

Ha sido un placer para mí leer a menudo este soneto y su carta; le doy las gracias por los dos. Y usted no puede dejarse confundir por su soledad, no importa que haya algo en usted que deseara huir de ella. Exactamente este deseo, si lo emplea con calma y consideración, será para usted una herramienta que le ayudará a extender los dominios de su soledad sobre tierras ignotas. La gente (con ayuda de las convenciones) lo resuelve todo de la manera más fácil posible; pero es evidente que nosotros debemos mantenernos fieles a lo difícil; todo ser viviente se aferra a ello, todo en la naturaleza crece y lucha a su manera y es un yo en sí mismo, e intenta serlo a cualquier precio y contra toda clase de oposición. Nosotros sabemos muy poco, pero que tenemos que aferrarnos a lo difícil es una certeza que nunca nos abandonará; está bien estar a solas, pues la soledad es difícil; y que algo sea difícil debe ser para nosotros una razón más para hacerlo.

También amar está bien, pues el amor es difícil. La pasión de una persona hacia otra es quizá la tarea más difícil y extrema de todas las que nos han sido impuestas, la prueba más extrema y la demostración definitiva, el trabajo para el cual todos los demás trabajos no fueron más que una preparación. Por eso mismo la gente joven, que es principiante en todo, no entiende todavía el amor, primero tiene que aprender a amar. Tiene que aprender a amar con todo su ser, con todas sus fuerzas reunidas alrededor de su corazón solitario, asustado y que palpita en *crescendo*.

El tiempo de aprendizaje es siempre largo y excluyente, en consecuencia el amor permanece por un largo período fuera de nuestras vidas y su lugar lo ocupa la soledad: un aislamiento grave y profundo para aquel que ama. El amor al principio no significa nada, lo que se denomina elevarse, rendirse y unirse con otra persona (¿pues qué sería una unión de inconscientes e inacabados, todavía confusos?) es para el individuo un motivo sublime para madurar, para alumbrar un mundo en su interior, el deseo de convertirse en un mundo para sí y para otro es una exigencia grande e imponente, algo que lo distingue y lo motiva a llegar más lejos. Solo en este sentido, entendido como la tarea de trabajar en uno mismo («de escuchar y martillear noche y día»), puede la juventud usar el amor que le ha sido otorgado. El elevarse y el rendirse y las complicidades de todo tipo no son para ella (que todavía tiene que ahorrar y acumular durante mucho tiempo), es el final, es quizá eso para lo cual la vida humana todavía no alcanza.

Los jóvenes se equivocan en eso tan frecuente y dolorosamente (está en su naturaleza no tener ningún tipo de paciencia), en arrojarse en brazos del otro en cuanto los sorprende el amor, se diseminan, tal y como son, en todo su desorden, caos y aturdimiento … ¿Qué tiene que pasar entonces? ¿Qué tiene que hacer la vida con ese montón de deshechos que ellos denominan su vida en común y que con mucho gusto llamarían su felicidad y, llegado el caso, su futuro? Ahí se pierde uno a causa del otro y pierde también al otro y a los muchos otros que ocuparán su lugar. Y pierde el infinito y todas sus posibilidades, cambia la cercanía y el refugio de las cosas ligeras y sutiles por una desesperación estéril, de la que nada bueno puede salir; no hay nada como un poco de maldad, decepción y pobreza para buscar la salvación en alguna de las muchas convenciones que han sido instaladas como parapetos públicos en este peligroso camino. Ningún otro campo de la experiencia humana está tan pertrechado de convenciones como este: lancha, chaleco salvavidas de la invención más singular y boyas están presentes en él; la conciencia social ha sido capaz de idear refugios de todo tipo, pues inclinada como está a considerar la vida amorosa como un placer, siente la obligación de modelarla a imagen y semejanza de los placeres públicos: ligera, sencilla, inocua y segura.

Es cierto que mucha gente joven, que ama de forma errónea, entregándose sencilla y abiertamente (el hombre medio no podrá hacerlo de otra manera), siente la presión de un pecado e intenta a su manera transformar la condición vital en la que ha desembocado en algo factible y fructífero; pues su naturaleza le dice que las preguntas del amor, todavía menos que el resto de preguntas importantes, se pueden solucionar siguiendo esta o aquella práctica social; no en vano se trata de preguntas que una persona susurra a otra en la intimidad, que en cada caso particular demandan una respuesta nueva, especial y personal. ¿Cómo van a poder entonces aquellos que ya se han arrojado a los brazos, que no están ya más separados ni delimitados, que no poseen ya nada más propio, encontrar una salida de sí mismos y de la profunda soledad en la que se encuentran enterrados?

Ellos actúan con una impotencia general y luego desembocan, cuando con la mejor intención quieren evitar la primera convención que les sale al paso (cómo no, el matrimonio), en los tentáculos de una solución menos llamativa, pero igual de convencional y mortal; pues en ese momento todo a su alrededor son convenciones; ahí donde se trata de una unión recientemente establecida y confusa, es cada posibilidad convencional: la relación a la que conducen tales disparates tiene sus convenciones, independientemente de cómo sea de atípica (inmoral, en el sentido tradicional del término); sí, incluso la separación sería ahí un paso convencional, una decisión impersonal, dejada al azar, carente de fuerza y miedo.

El que se decide a reflexionar seriamente descubre

que, como para la muerte, que es difícil, tampoco para la compleja cuestión del amor existe ninguna explicación, ninguna solución, mucho menos un camino marcado; en consecuencia es imposible determinar ninguna regla de carácter general para estas dos cuestiones perentorias, que llevamos ocultas y nos pasamos de unos a otros, sin indagar en ellas. Pero en la medida en la que empezamos a vivir la vida como individuos, nosotros, los individuos, nos enfrentamos a estas cuestiones de mayor relevancia de forma más íntima. Las trabas que la compleja cuestión del amor pone a nuestro desarrollo son más grandes que la propia vida, y nosotros, en calidad de principiantes, aún no somos capaces de afrontarlas. Pero si somos capaces de resistir y aceptar el amor como una carga y un aprendizaje, en lugar de abandonarnos a todo lo en él que hay de juego superficial y frívolo, detrás del cual las personas se esconden de la tarea más importante de la existencia, entonces quizá aquellos destinados a sucedernos puedan experimentar un pequeño avance; eso ya sería mucho.

Pero antes tenemos que ser capaces de considerar la relación de una persona individual con otra persona individual desprejuiciada e imparcialmente, pero nuestra aspiración a establecer esa clase de relación carece de ningún modelo. Y, sin embargo, ya se perciben numerosos cambios en los tiempos que favorecerán nuestras tímidas tentativas.

La niña y la mujer, en su continencia nueva y voluntaria, serán solo temporalmente imitadoras de los vicios y modos masculinos y emuladoras de las profesiones masculinas. Después de las incertidumbres asociadas a ese proceso de transición se demostrará que las mujeres solo han utilizado la riqueza y variedad de su vestimenta (en muchos casos ridícula) para proteger su esencia real de la deformadora influencia del otro sexo. Las mujeres, en las que habita y mora la vida, fértil y llena de confianza, tienen que convertirse por principio en seres más maduros que el simple hombre, arrastrado bajo la superficie de la vida por el lastre de carecer de ningún fruto corporal, que víctima de su arrogancia infravalora lo que significa amar. La gestación de la humanidad femenina, rodeada de dolores y humillaciones, verá la luz, cuando las mujeres se hayan despojado de las convenciones del solo ser mujer mediante la transformación de su condición pública, y los hombres que todavía no presienten la llegada de ese día se verán sorprendidos y golpeados por ello.

Algún día (del cual, especialmente en los países nórdicos, ya se perciben numerosas e indudables señales), algún día la niña y la mujer estarán ahí, sin que su nombre signifique ya solo una oposición a la masculinidad, sino algo en sí mismo, algo que no sugiera un complemento y límite, sino simplemente vida y ser: la humanidad femenina.

Este avance transformará la experiencia del amor, que ahora está llena de confusión (al principio contra la voluntad de los anticuados hombres), la cambiará de arriba a abajo, la reformará en una relación apropiada para el contacto

51

de persona a persona, nunca ya más de hombre a mujer. Y ese amor más humano (que tanto en la unión como en la separación se realizará sutil y respetuosamente, bondadosa y nítidamente) se asemejará a aquel amor que nosotros preparamos con esfuerzo y dedicación, el amor en el que dos soledades se protegen, limitan y saludan la una a la otra.

Y todavía más: no crea usted que se ha perdido aquel gran amor que a usted, cuando era niño, le fue impuesto; ¿puede decir, si no germinaron entonces en su interior deseos buenos y grandes y principios de acuerdo con los cuales todavía vive usted? Yo creo que aquel amor permanece en su memoria con tanta fuerza y vigor porque constituyó su primera gran experiencia de la soledad y el primer trabajo espiritual que usted realizó en la vida. ¡Le deseo todo lo mejor, querido señor Kappus!

Suyo,
Rainer Maria Rilke

SONETO

Mi vida tiembla, sin queja ni suspiros,
a causa de un dolor profundo.
Mis sueños de puras flores de nieve
son la bendición de mis días más serenos.

Pero a menudo surge una gran pregunta
en mi camino. Me empequeñeceré y pasaré
indiferente como frente a un mar
cuya profundidad no me atrevo a medir.

Y luego surge un dolor en mi interior, tan confuso
como el gris de las fulgentes noches de verano,
que una estrella ilumina de cuando en cuando.

Mis manos tantean en busca de amor,
porque me gustaría gritar las oraciones,
que mi ardiente boca no puede encontrar...

Franz Xaver Kappus

OCTAVA CARTA

A Franz Xaver Kappus

Borgeby gard, Flädie, Suecia
a 12 de agosto de 1903

Mi querido señor Kappus,

Una vez más quiero dirigirme a usted brevemente, querido señor Kappus, a pesar de que apenas tengo nada que decir que pueda resultar de ayuda o de algún valor. Usted ha sufrido muchas y grandes tristezas, pero ya han pasado. Y usted asegura que su superación fue difícil y desconcertante para usted. Pero, por favor, considere usted si ¿esas grandes tristezas no han atravesado por el medio de su ser? ¿Si no han cambiado algo en usted, si en alguna parte, en algún lugar, no han transformado su esencia, mientras usted estaba triste? Peligrosas y malas solo son las tristezas que uno sufre entre la gente, intentando silenciarlas; como enfermedades que se tratan superficial y erróneamente, para reaparecer mucho más virulentas tras una pequeña pausa; y se fijan en el interior y son vida, son vida inerte, despreciada y perdida que puede ocasionar la muerte.

Si nos fuera posible ver más allá de los límites de nuestra razón, y todavía un poco más allá de las posibilidades de nuestra intuición, quizás llevaríamos entonces nuestras tristezas con mayor confianza que nuestras alegrías. Pues se trata de momentos en los que algo nuevo ha entrado en nuestra vida, algo todavía desconocido; nuestros sentimientos enmudecen cohibidos por la timidez, todo en nosotros retrocede, pero llega la tranquilidad, y la novedad desconocida permanece en mitad del silencio.

Yo creo que casi todas nuestras tristezas son momentos de tensión que nosotros sentimos como una parálisis, porque no somos capaces de escuchar el sonido de la vida en esas emociones extrañas. Porque nos encontramos a solas con lo desconocido que ha entrado en nuestra vida, porque por un momento todo sentimiento de confianza y seguridad ha desaparecido; porque nos encontramos en medio de una transición, en la cual no podemos permanecer por mucho tiempo. Esa es también la causa de la tristeza, la novedad que ha llegado a nuestra vida ha entrado en nuestro corazón, en su recinto más privado, y ya no está solo allí, está también en la sangre. Y nosotros no sabemos de qué se trata. Se nos podría hacer creer fácilmente que no es nada, y sin embargo nos sentimos transformados, como se transforma una casa en la que ha entrado un invitado. Nosotros no podemos decir quién ha llegado, quizás no lo sepamos nunca, pero existen muchos indicios que nos hacen pensar que el futuro ha entrado en nosotros, para transformarse en nosotros, mucho antes de que se realice.

Y por eso es tan importante estar a solas y concentrado cuando uno está triste, porque el instante aparentemente estéril y árido, en el que nuestro futuro nos llega, está más próximo a la vida que aquel otro instante accidental y ruidoso, que sucede en cambio como algo ajeno a nosotros. Cuanto más tranquilos, pacientes y abiertos afrontemos nuestras tristezas, más profunda y nítidamente entrará la novedad en nosotros, y mejor la asimilaremos, y en mayor medida se convertirá en nuestro destino, y cuando algún día lejano eso *suceda* (me refiero a salir de nosotros para entrar en el otro) nos sentiremos más hermanados y cercanos en la intimidad. Y eso es necesario. Es necesario y nuestro desarrollo avanzará poco a poco en esa dirección, en la que nada extraño nos sucede, sino simplemente aquello que desde hace mucho ya formaba parte de nosotros.

Uno tiene que reconsiderar tantas ideas sobre el desarrollo, uno solo aprende lentamente que eso que llamamos destino no nos llega desde el exterior, sino que proviene del ser humano. solo porque un gran número de destinos, que esperan su oportunidad dentro del ser humano, nunca llegan a materializarse ni a transformarse en sí mismos, uno no es capaz de ver que provienen de nosotros mismo; le parece tan extraño que, confundido y molesto, piensa que ha debido de entrar en él desde fuera, y asegura que en él nunca antes ha habido nada similar. En la misma medida que nos hemos equivocado durante mucho tiempo sobre el movimiento del sol, así nos equivocamos todavía sobre el movimiento del porvenir. El futuro permanece en su lugar, querido señor Kappus, sin embargo nosotros nos movemos en un espacio infinito.

¿Por qué no deberíamos enfrentarnos a dificultades? Y si volvemos a hablar de la soledad, entonces quedará aún más claro que en el fondo no se trata de algo que uno pueda elegir o ignorar. Nosotros *estamos* solos. Uno puede engañarse a este respecto y hacer como si no fuera así. Esto es todo. Pero mucho mejor sería admitir que esa es nuestra verdadera condición, aunque solo fuera para poder salir de ella. Por supuesto podría suceder que nos engañáramos; pues todos los lugares a los que dirigimos nuestra mirada nos han sido arrebatados, ya no existe ninguna cercanía y cualquier noción de lejanía está infinitamente lejos. Aquel que fuera trasladado, sin previo aviso, desde su habitación a la cima de una gran montaña, debería sentir lo mismo: una inseguridad sin igual y el sentimiento de estar a merced de lo innombrable casi lo aniquilaría. Se imaginaría que cae o que ha sido despedido al espacio o que ha explotado en mil pedazos, ¡qué enorme mentira tendría que descubrir su mente para recuperarse y poder explicar la condición en que se encuentran sus sentidos! De esta forma se transforman todas las distancias y medidas para aquel que está solo; muchas de estas transformaciones ocurren repentinamente y como le ocurría a aquel hombre sobre la cima de la montaña inevitablemente surgen impresiones y emociones extrañas que parecen sobrepasar cualquier medida de lo tolerable.

Pero es necesario que nosotros experimentemos también *eso*. Debemos aceptar nuestro ser en toda su extensión; todo, incluso lo inverosímil, deber ser posible para él. En principio ese es el único valor que se demanda de nosotros: ser valientes para recibir todo lo indecible, maravilloso e inexplicable que nos sale al paso. Que las personas fueran cobardes en este sentido ha hecho un daño infinito a la vida; las experiencias que se denominan «apariciones», el mundo de los espíritus al completo, la muerte, todas estas cosas tan ajenas a nosotros han sido expulsadas de nuestra vida por medio del rechazo constante y cotidiano, hasta el punto de que los sentidos con los cuales se podrían comprender se encuentran atrofiados. Por no hablar de Dios. El temor a lo inexplicable no solo ha empobrecido la existencia individual, también las relaciones de persona a persona se han deteriorado por ello, como si un cauce de infinitas posibilidades se desviara hacia un terreno yermo, de forma que nada crece. Pues no es la inercia la que provoca que las relaciones humanas se repitan una y otra vez de manera tan uniforme y monótona, sino el temor a cualquier vivencia nueva e imprevista, para la cual no nos creemos preparados.

Así que solo aquel que está preparado para todo, el que no excluye nada, ni siquiera lo más misterioso, vivirá la relación con el otro como algo vivo y exprimirá todo el jugo de la existencia. Pues en la medida en que consideremos la existencia individual como un espacio más grande o más pequeño, nos encontraremos con que la mayoría solo conoce una esquina de su mundo, algún lugar recóndito, algún trecho por el que vienen y van. De este modo consiguen cierta seguridad.

Y sin embargo es mucho más humana la temeraria inseguridad que impulsa a los presos de las historias de Poe a tantear la oscuridad en busca de los límites de sus mazmorras y a desafiar los indecibles terrores de su confinamiento. Pero nosotros no somos prisioneros. No llevamos grilletes ni cadenas, y no hay nada que nos deba asustar o torturar. Nosotros estamos en mitad de la vida en el elemento que más se ajusta a nosotros, y a través de siglos de adaptación nos hemos habituado tanto a este estilo de vida que, cuando permanecemos en reposo, por medio de un afortunado mimetismo, apenas nos diferenciamos de todo lo que nos rodea. Nosotros carecemos de ninguna razón para desconfiar de nuestro entorno, porque él no está contra nosotros. En caso de que tenga temores, son nuestros temores, en caso de que contenga abismos, esos abismos nos pertenecen a nosotros, y si en nuestro camino se presentan peligros deberíamos al menos intentar amarlos.

Y si nos dedicáramos simplemente a edificar nuestra vida de acuerdo con el principio que nos aconseja seguir siempre el camino más difícil, entonces se convertiría todo aquello que ahora se nos presenta como lo más opuesto a nuestra naturaleza en lo más querido y cercano. Como podríamos olvidarnos de aquel mito antiguo que está presente en el origen de todos los pueblos, el mito del dragón que en el último momento se transforma en princesa; quizás sean todos los dragones de nuestra vida princesas que simplemente esperan el momento de vernos alguna vez hermosos y valientes. En un sentido profundo quizás todo lo horrible no es más que la impotencia que espera nuestra ayuda.

Por ello no debe usted, querido señor Kappus, asustarse si se apodera de usted una tristeza tan grande como no ha conocido ninguna; si una inquietud, como la luz y la sombra de las nubes, se apodera de sus manos y de todo su quehacer. Usted tiene que pensar que algo en su interior está cambiando, que la vida no se ha olvidado de usted, que ella lo tiene en su mano y no le dejará caer. ¿Por qué pretende usted excluir algún tipo de melancolía de su vida, acaso no es consciente de lo que ese estado despierta en su interior? ¿Por qué quiere usted atormentarse con la pregunta de dónde viene todo y hacia dónde se dirige? En ese instante sabe usted que está en un proceso de cambio y nada desearía más que transformarse.

Si hay algo enfermizo en su transformación, considere usted que la enfermedad es el medio por el cual un organismo se libera de lo ajeno; uno solo debe permitir que su enfermedad estalle en toda su dimensión, pues en eso consiste su desarrollo. En usted, querido señor Kappus, acontecen ahora mismo tantas cosas que debe ser tan paciente como un enfermo y tan optimista como un convaleciente; pues sea usted ambos. Y más aún: usted es también el médico que tiene la obligación de cuidarlo. Pero toda enfermedad viene acompañada de muchos días en los que el médico no tiene nada que hacer sino esperar. Y eso es precisamente lo que usted, en la medida en que es su propio médico, debería hacer sobre todo.

No se observe demasiado a usted mismo. No saque usted conclusiones demasiado precipitadas de lo que le acontece; permita que todo suceda de forma natural. Usted tiende fácilmente a contemplar su pasado con acusaciones (esto es: moralmente). Naturalmente su pasado está relacionado con todo lo que ahora le pasa, pero de los errores, deseos y anhelos de su infancia lo que actúa sobre usted no es lo que usted recuerda y condena. Las extraordinarias relaciones de una infancia solitaria e impotente se abandonan en favor de influencias poderosas y complejas y al mismo tiempo están expuestas a tantas relaciones vitales que cuando un vicio aparece en ellas, uno no puede calificarlo de vicio sin más.

Uno debe ser absolutamente cuidadoso con los nombres; sucede con tanta frecuencia que el nombre de una falta es la razón por la cual una vida se echa a perder, y no la acción indescriptible y personal en sí misma, que quizá respondía a una necesidad concreta de esa vida y podría haber sido asumida por ella sin esfuerzo. Y por eso le parece a usted tan grande la energía consumida, porque sobrestima el triunfo; el triunfo no es la «proeza» que usted considera haber realizado, a pesar de que sus sentimientos están justificados; la proeza es que usted ya tiene algo que puede colocar en el lugar de aquel engaño, algo verdadero y real. Sin esto no sería para usted más que otra reacción moral, sin un significado profundo, pero así se convierte en una fase de su vida. De su vida, querido señor Kappus, en la que yo pienso siempre con las mejores intenciones. ¿Se acuerda usted cómo esa vida ha soñado con la «proeza» desde la más tierna infancia? Ahora contemplo cómo deja de soñar con la proeza para soñar con lo más grande. Por ello no deja de ser la vida difícil, pero tampoco dejará la vida por ello de crecer.

Y si todavía me dejo algo que decirle en el tintero, sería esto: no crea usted que *aquel* que intenta consolarle vive tranquilo, refugiado detrás de las palabras sencillas y serenas que a él en alguna ocasión le hicieron bien. Su vida está plagada de contratiempos y tristezas y yace muy lejos detrás suyo. De otro modo, nunca habría podido encontrar esas palabras.

Suyo,
Rainer Maria Rilke

NOVENA CARTA

A Franz Xaver Kappus

Furuborg, Jonsered, en Suecia
a 4 de noviembre de 1904

Mi querido señor Kappus,
Durante este tiempo que ha pasado sin correspondencia he estado en parte de viaje y en parte tan ocupado que no he podido escribir. Incluso hoy me resulta difícil escribir, porque tengo la obligación de escribir tantas cartas que mi mano se ha cansado. Si pudiera dictar, entonces le diría mucho más, así que acepte estas pocas líneas como si fueran una larga carta. Yo pienso, querido señor Kappus, con

tanta frecuencia y tanto interés en usted que eso debería ser suficiente para ayudarle de alguna manera. Pero abrigo serias dudas sobre si mis cartas pueden ser en realidad de alguna ayuda. No diga usted: sí, lo son. Acéptelas con tranquilidad y sin darme las gracias, y esperemos a ver qué nos depara el futuro. Quizás sea inútil que me detenga ahora en sus palabras; pues lo que yo pudiera decir sobre su tendencia a la inseguridad o sobre su incapacidad para mantener en armonía la vida interior y la exterior, o sobre todo lo que le atormenta, es simplemente eso que ya le he dicho en el pasado: el deseo de que usted encuentre en su interior paciencia suficiente para sufrir e ingenuidad suficiente para creer; usted tiene que tener más y más confianza en relación con las dificultades y su aislamiento en el mundo.

Por lo demás, deje que la vida siga su curso. Confíe usted en mí: la vida tiene razón siempre. Y con respecto a los sentimientos, todos los sentimientos que usted colecciona y conserva son puros; impuro es el sentimiento que solo comprende una parte de su ser y a usted tanto lo angustia. Todo lo que usted puede pensar de su infancia es bueno. Todo lo que hace *más* de usted, más de lo que usted era hasta ese momento en sus mejores momentos, es correcto. Todo entusiasmo es bueno, si fluye por *toda* su sangre, si no se trata de ebriedad y turbación, sino de felicidad que brota del fondo del alma. ¿Comprende usted lo que quiero decir? Y sus dudas pueden convertirse en una feliz característica, si usted las *educa*. Ellas deben ser conscientes, deben ser críticas.

Pregúntese usted, tan pronto como sus dudas amenacen con arruinar algo, por qué algo resulta odioso, demande usted pruebas de ello, ponga sus dudas a prueba y quizá las encuentre desorientas y perplejas, quizás incluso beligerantes. Pero no se rinda usted, exija argumentos y mantenga siempre la atención y la coherencia, así llegará el día en que una de sus mayores preocupaciones se habrá convertido en una de sus mejores herramientas, quizás incluso la más sabia de todas con las que construye su vida. Eso es todo lo que puedo decirle por hoy, querido señor Kappus. Pero, en cualquier caso, me permito enviarle la copia impresa de un pequeño poema que ha aparecido recientemente en el *Deutschen Arbeit* de Praga. Ahí le hablo más de la vida y la muerte y de aquello que ambas tienen de grande y regio.

Suyo,
Rainer Maria Rilke

DÉCIMA CARTA

A Franz Xaver Kappus

París,
segundo día de Navidad de 1908

Usted debe saber, querido señor Kappus, lo feliz que me hizo recibir esta hermosa carta suya. Las noticias que usted me manda, reales y confirmadas, tal y como son, me parecen bien, y cuanto más pienso en ellas mejor me parecen. Mi intención era comunicarle esto en la noche de Navidad; pero el trabajo ha monopolizado mi vida a lo largo del invierno y esta antigua festividad ha llegado tan rápidamente que apenas he tenido tiempo para realizar los preparativos necesarios, mucho menos de escribir. Pero he pensado a menudo en usted durante estos días de fiesta y me he imaginado qué tranquilo debe de estar usted en la soledad de su fortaleza, entre las montañas solitarias, sobre las que embisten los poderosos vientos del sur, como si quisieran devorarlas a grandes bocados. La tranquilidad en la que tienen lugar tales fenómenos debe ser inmensa, y si se considera que incluso el rumor de los mares más lejanos llega a todas partes, quizás como el tono más íntimo de esta armonía prehistórica, entonces uno no puede sino desear que usted posea la confianza y paciencia necesarias para dejar que esa inmensa soledad trabaje sobre usted, que nunca más estará en su vida para enturbiarla, sino para ejercer una influencia anónima, decisiva y continua sobre todo lo que usted está destinado a vivir y a hacer, de la misma forma que la sangre de nuestros ancestros corre incesantemente por nosotros, para formar con nuestra propia sangre el ser individual e irrepetible que cada uno de nosotros es a lo largo de cada recodo de la vida. Sí, me alegro de que usted tenga una existencia fija y honrada, un título, un uniforme, un deber, todos esos conceptos y limitaciones que en tales latitudes y en compañía de una tropa aislada adquieren su verdadera dimensión, y que más allá del aspecto lúdico y temporal de la profesión militar demandan una dedicación atenta y no solo permiten, sino que fomentan una concentración constante. Y sostener relaciones que trabajen sobre nosotros, que de tiempo en tiempo nos coloquen frente a grandes fenómenos de la naturaleza, eso es todo lo que hace falta. También el arte no es más que una forma de vida, y uno puede prepararse para él siguiendo cualquier estilo de vida, casi sin saberlo; cualquier situación nos acerca y familiariza más con el arte que las profesiones irreales y semi-artísticas que, por un lado simulan cierto carácter artístico, y por el otro atacan y niegan la esencia de todo arte, como lo hace prácticamente la totalidad del periodismo y casi toda la crítica y tres cuartos de aquello que se llama así mismo y pretende pasar por literatura. En pocas palabras, me alegro de que usted haya superado el riesgo de orientar sus pasos en esa dirección y que en medio de esa áspera realidad conserve el valor y la soledad. Ojalá que en el año que está a punto de empezar se fortalezca su resolución.

Suyo,
Rainer Maria Rilke

Made in the USA
Columbia, SC
24 July 2024

ef876f2e-4293-482c-892a-bbff600608eaR01